AF313341

TRAITÉ

DE

CONSERVES

ALIMENTAIRES

A L'USAGE DES MÉNAGES,

SUIVI

DES MEILLEURS PROCÉDÉS ET RECETTES POUR LES FRUITS SECS,
FRUITS A L'EAU-DE-VIE, CONFITURES, MARMELADES,
GELÉES, SUCS, SIROPS, LIQUEURS, CRÊMES, ETC.

Par F. FAUCHEUX,

Chef Conservateur de l'un des principaux établissements de Nantes,

& F. BIROT.

NANTES,

IMPRIMERIE BOURGINE, MASSEAUX ET Cie,
Rue Notre-Dame, 3.

—

1848.

TRAITÉ
DE CONSERVES ALIMENTAIRES

A L'USAGE DES MÉNAGES.

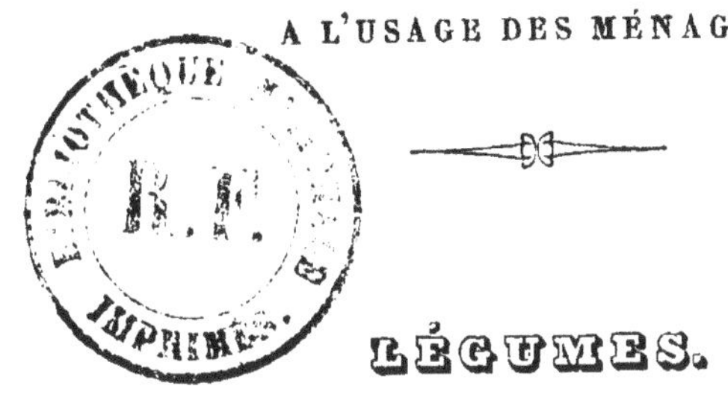
BIBLIOTHÈQUE R. F. IMPRIMÉS

LÉGUMES.

Nous posons en règle générale, pour les légumes, que, pour être conservés, ils doivent être cueillis le matin, à la fraîcheur et travaillés de suite ; le moindre retard serait cause de fermentation.

Artichauts entiers.

Ayez soin de vous procurer des Artichauts de moyenne grosseur et très-tendres ; vous les parez ; c'est-à-dire vous coupez le bout des feuilles et vous retirez le foin et les petites feuilles de l'intérieur. Cette opération se fait à l'aide d'une fourchette, ainsi : après avoir coupé le bout des feuilles, vous introduisez les dents de la fourchette jusqu'au fond,

et vous tournez la fourchette de manière à **arracher**
le foin, ce qui s'opère très-facilement.

Vos Artichauts parés et nettoyés, vous les jetez
à l'eau froide dans laquelle vous avez eu soin de
mettre un peu d'alun à dissoudre ou un filet de vi-
naigre pour empêcher le légume de noircir ; vous
retirez ensuite, et plongez dans l'eau bouillante; vous
donnez cinq minutes de bouillon; vous retirez et
jetez de nouveau à l'eau froide; lorsque les Artichauts
sont refroidis, vous mettez en boîtes, vous arrosez
d'eau de sel ou de beurre fondu, vous fermez et
vous donnez une heure et demie de bouillon au bain-
marie.

Fonds d'Artichauts.

Vous parez les fonds d'Artichauts, préparation qui
consiste à couper les feuilles et à retirer le foin; vous
les jetez aussitôt dans une terrine remplie d'eau froide,
dans laquelle vous aurez eu soin de mettre un peu
d'alun à dissoudre pour empêcher les fonds d'Artichauts de noircir; vous les retirez et les plongez dans
l'eau bouillante, vous donnez cinq minutes de bouillon; vous les plongez de nouveau à l'eau froide pour
les raffermir. Lorsque les fonds d'Artichauts sont refroidis, vous les mettez en boîtes, vous versez dessus
du beurre fondu ou de l'eau de sel; vous fermez et
vous donnez une heure et demie de bouillon au bain-
marie.

Asperges naturelles ou au beurre.

Vous faites choix d'Asperges très-blanches et nouvellement cueillies du matin; vous les grattez comme
pour l'usage ordinaire; vous avez eu soin de préparer
une bassine remplie d'eau bouillante; vous y plongez
vos Asperges et vous leur donnez deux minutes de
bouillon pour leur enlever l'âcreté et conserver leur
blancheur; vous les retirez et vous les jetez immédiatement à l'eau froide pour les raffermir par la tran-
sition subite du chaud au froid. Vous arrangez ensuite
vos Asperges en boîtes, vous arrosez d'eau de sel ;
vous pouvez remplacer l'eau de sel par le beurre fondu; mais le beurre coûte plus cher et ne remplit pas
mieux le but de conservation; vous arrosez les boîtes
seulement aux deux tiers de leur capacité; vous fermez et vous donnez une heure de bouillon au bain-
marie.

Cardons.

Vous nettoyez les Cardons et les jetez ensuite à l'eau
froide; vous les retirez et vous les plongez à l'eau
bouillante pour leur donner cinq minutes de bouillon;
vous les enlevez et vous les faites égoutter; vous mettez ensuite en boîtes, vous versez dessus de l'eau de
sel, du jus de viande ou du beurre fondu, vous fermez et vous portez au bain-marie pour donner une
heure de bouillon.

Carottes naturelles & au jus.

Conservez des Carottes nouvelles, c'est-à-dire de primeur ; ne prenez point des Carottes trop grosses ; les Carottes de moyenne grosseur sont les plus convenables pour la bonne conserve. Parez-les simplement sans les gratter, jetez-les ensuite dans une bassine remplie d'eau bouillante et leur donnez cinq minutes de bouillon ; vous retirez et vous mettez en boîtes ; vous arrosez d'eau de sel, de jus de viande ou de beurre fondu ; vous fermez et vous donnez deux heures de bouillon au bain-marie.

Céléri.

Nettoyez le Céléri et jetez-le à l'eau froide ; vous retirez et vous plongez dans l'eau bouillante pour donner cinq minutes de bouillon ; vous replongez après à l'eau froide et vous faites égoutter ; vous mettez en boîtes, vous arrosez d'eau de sel ou de jus de viande, vous fermez et vous mettez au bain-marie pour donner deux heures de bouillon.

Cèpes.

Nous conseillons la plus grande attention dans le choix des Cèpes ; au moindre doute sur leur qualité, ils doivent être jetés.

Après s'être procuré des Cèpes, on les nettoie et
on les pare soigneusement; si le Cèpe est gros ou
de moyenne grosseur, il est utile de séparer le pied
pour le nettoyer avec plus de facilité; la séparation
du pied donne, du reste, plus de sécurité pour la
qualité, car on s'aperçoit aisément si le Cèpe est
mauvais, l'intérieur en étant spongieux ou véreux.
Ainsi préparés, vous jetez vos Cèpes dans une bassine
d'huile bouillante, vous les retirez, vous les faites
entièrement frire et vous les mettez en boîtes; vous
recouvrez d'un hachis de fines herbes; vous arrosez
d'huile d'olive surfine; vous fermez et vous donnez
deux heures et demie de bouillon au bain-marie.

Champignons.

Vous vous procurez des Champignons ramassés
le matin; vous faites choix des plus fermes et
des plus formés; vous les épeluchez et les parez
avec soin; vous les passez ensuite à l'eau froide;
vous les retirez et les mettez à la bassine avec un
morceau de beurre frais. Cette préparation a pour
but de leur faire rendre leur eau de végétation;
vous exprimez dans votre bassine le jus de plu-
sieurs citrons pour empêcher les Champignons de
noircir; vous donnez dix minutes de bouillon; vous
les retirez, vous les faites égoutter et les passez une
seconde fois à la bassine pour les sauter au beurre;

vous assaisonnez suivant votre goût ; vous mettez en boîtes, vous arrosez avec leur sauce, vous fermez et vous donnez deux heures de bouillon au bain-marie.

Choux-Fleurs.

Après avoir nettoyé vos Choux-Fleurs, vous les mettez à l'eau froide ; vous les plongez ensuite à l'eau bouillante pour leur faire subir un seul bouillon, ce qui leur ôte la verdeur ; c'est ce que l'on nomme blanchir ; vous retirez immédiatement et vous jetez de nouveau à l'eau froide ; vous mettez ensuite en boîtes et vous préparez comme pour les asperges ; vous fermez et vous donnez une heure de bouillon au bain-marie.

Choux.

Les Choux se préparent exactement comme les Carottes ; ils se conservent également par deux heures de bouillon au bain-marie.

Chicorée.

Vous blanchissez la Chicorée à l'eau bouillante ; vous la plongez ensuite à l'eau froide ; vous faites égoutter ; vous mettez en boîtes, vous fermez et vous donnez deux heures de bouillon au bain-marie.

Epinards.

Les Epinards se conservent de la même manière que la Chicorée ; vous donnez également deux heures de bouillon au bain-marie.

Fèves.

Vous vous procurez des Fèves aussitôt qu'elles entrent en maturité ; vous écossez avec le plus de célérité possible ; vous avez soin d'assaisonner de l'eau bouillante, suivant votre goût ; vous plongez vos Fèves dans cette eau pour les blanchir ; vous faites subir cinq minutes de bouillon ; vous retirez et vous jetez à l'eau froide ; vous faites égoutter et vous mettez en boîtes, vous fermez et vous donnez deux heures de bouillon au bain-marie.

Haricots verts.

Après avoir épluché et paré vos Haricots, vous les jetez à l'eau bouillante ; aussitôt que l'eau reprend le bouillon, vous retirez vos Haricots pour les plonger à l'eau froide ; quand ils sont refroidis, vous les faites égoutter sur un tamis ; ensuite vous les mettez en boîtes ou en vases sans y rien ajouter, ayant soin seulement de les tasser ; vous fermez et vous faites subir une heure et demie de bouillon au bain-marie.

Les Haricots préparés ainsi et avec tout le soin possible, sont aussi verts et aussi tendres que dans la saison ; ils conservent tout leur parfum. C'est, à notre avis, le meilleur légume de conserve.

Haricots en grains.

La facilité de se procurer des Haricots secs a fait négliger jusqu'à ce jour les Haricots conservés. Ces derniers sont cependant bien supérieurs aux premiers en qualité et en saveur.

Vous vous procurez des Haricots de Soissons ou autres, suivant votre goût, quand ils ont atteint leur degré de maturité, alors que la cosse commence à jaunir; vous écossez et vous plongez à l'eau bouillante, vous leur faites subir deux minutes de bouillon, vous les retirez et vous mettez en boîtes ou en vases, après avoir fait égoutter. Vous fermez et vous donnez deux heures de bouillon au bain-marie.

Laitues.

Ayez soin de vous procurer des Laitues pommées; vous les nettoyez et les partagez en quatre parties ; vous plongez ensuite à l'eau bouillante pour les blanchir et extraire l'eau de végétation qu'elles contiennent ; vous faites égoutter et vous mettez en boîtes ; vous arrosez de jus de viande ou de beurre fondu ;

vous fermez et vous donnez deux heures de bouillon
au bain-marie.

Petits Pois au naturel.

Suivant la règle générale pour les légumes, vous
vous procurez des Petits Pois cucillis le matin avant
le lever du soleil. Les Petits Pois de primeur sont
préférables pour la bonne conserve.

Vous écossez vos Petits Pois le plus promptement
possible; aussitôt après, vous les plongez à l'eau
bouillante; vous activez le feu pour leur faire subir
un prompt bouillon; vous les retirez et vous les jetez
à l'eau froide; vous les faites ensuite égoutter sur un
tamis; lorsqu'ils sont parfaitement égouttés, vous les
mettez en boîtes ou en flacons, vous fermez et vous
donnez trois heures de bouillon au bain-marie.

Petits Pois à l'anglaise.

Après avoir écossé vos Petits Pois, vous les mettez
à l'eau bouillante pour leur donner dix minutes de
bouillon; vous faites égoutter sur un tamis; vous assaisonnez de sel, poivre, etc.; vous ajoutez 150 grammes
de beurre frais par litre de Petits Pois; vous les sautez
afin d'étendre le beurre, vous mettez ensuite en
boîtes ou en flacons, vous fermez soigneusement et
vous faites subir trois heures de bouillon au bain-
marie.

Petits Pois accommodés.

Ayez bien soin de vous procurer des Petits Pois nouvellement cueillis. Ceux de primeur sont éminemment préférables, ni trop petits, parce qu'ils fondent à cuire, ni trop gros, parce qu'ils ont le goût de fèves. Après avoir écossé comme pour les Petits Pois au naturel, vous mettez vos Petits Pois à l'eau bouillante, pour leur donner un seul bouillon; cette opération est très-nécessaire, elle leur enlève le goût d'empyreume que l'on trouve généralement dans tous les Petits Pois conservés, par cela seul qu'on ne leur a pas fait subir cette opération.

Après avoir fait égoutter les Petits Pois sur un tamis, vous les accommodez suivant votre goût et vos habitudes de ménage (1); vous les mettez ensuite dans une bassine, vous ajoutez deux cents grammes de beurre frais par litre de Petits Pois ; vous faites cuire légèrement, ayant soin de remuer constamment dans le jus, afin de leur conserver leur verdeur. Après les avoir retirés du feu à demi-cuits, vous les mettez en boîtes ou flacons, vous fermez avec soin et vous portez au bain-marie pour leur donner deux heures et demie de bouillon.

---

(1) Nous croyons inutile de donner la manière d'assaisonner : quelques personnes aiment fortement assaisonné, et d'autres moins; l'habitude et le goût de chaque ménage prévalent sur l'assaisonnement que nous pourrions donner.

Oseille.

Ayez soin de bien nettoyer et laver votre Oseille : vous la faites fondre ensuite dans une casserole; vous ne la faites pas trop cuire; vous faites égoutter et vous passez au tamis en pressant avec la main, vous mettez ensuite en bouteilles, vous bouchez et vous donnez une heure de bouillon au bain-marie.

Salsifis.

Faites choix de Salsifis beaux et tendres; vous les grattez et les nettoyez; vous les jetez ensuite à l'eau froide, puis vous les plongez à l'eau bouillante pour leur donner cinq minutes de bouillon ; vous les retirez et les mettez à l'eau froide ; lorsqu'ils sont refroidis, vous les mettez en boîtes ; vous arrosez d'eau de sel, vous fermez et vous donnez deux heures de bouillon au bain-marie.

Tomates.

Prenez des Tomates très-mûres et par conséquent très-rouges ; après les avoir nettoyées, vous les coupez en morceaux et vous les faites fondre dans une bassine ; lorsque vos Tomates sont entièrement fondues, vous les passez au travers d'un tamis assez fin pour retenir les pepins ; vous mettez votre produit sur le feu et vous faites réduire jusqu'à la consistance que vous désirez ; vous mettez ensuite en bouteilles, vous bouchez et vous faites subir une heure de bouillon au bain-marie.

Truffes.

Après avoir pris grand soin de laver et brosser les Truffes pour en ôter la terre, vous mettez de côté celles inférieures, telles que véreuses, gelées ou musquées. Votre choix terminé, vous mettez en boîtes, vous ajoutez une légère quantité de sel marin ; vous fermez et vous donnez trois heures de bouillon au bain-marie.

Pour tirer avantageusement parti des Truffes inférieures, si vous n'en avez pas l'emploi de suite, vous les mettez en boîtes, vous les recouvrez de saindoux, vous fermez et vous donnez également trois heures d'ébullition au bain-marie.

FRUITS.

—

Abricots entiers.

Vous vous procurez des Abricots cueillis le matin, vous faites un choix de fruit qui ne soit pas trop mûr; vous essuyez avec un linge fin ; vous faites ensuite quelques piqûres avec une grosse épingle. Cette préparation a pour but d'empêcher que la peau ne parte lors de l'application au bain-marie. Vous mettez les Abricots en flacons, vous versez dessus du sirop de sucre, vous bouchez et vous donnez dix minutes de bouillon au bain-marie.

Abricots en quartiers.

Après avoir fait choix de beaux Abricots qui ne soient pas trop mûrs, vous les coupez en quartiers et vous retirez le noyau; puis, vous enlevez la peau le plus mince possible ; vous mettez en flacons au fur et à mesure que vous pelez ; vous versez dessus du sirop de sucre, vous bouchez et vous donnez au bain-marie cinq minutes de bouillon.

Brugnons.

Le Brugnon doit se conserver mûr, sa nature étant ferme et lui permettant mieux de supporter l'action de la chaleur.

Après avoir fait un choix convenable de Brugnons et les avoir piqués comme les Abricots, vous les mettez dans une bassine remplie d'eau, sur un feu doux, ayant soin de remuer constamment ; lorsque les Brugnons viennent à surnager, vous les enlevez avec une écumoire, puis vous les plongez à l'eau froide ; vous mettez en flacons, vous arrosez de sirop de sucre, vous bouchez et vous mettez au bain-marie pour donner dix minutes de bouillon.

Cerises.

Faites choix de Cerises rouges sans être trop mûres; vous coupez le pied aux deux tiers ; vous faites quatre ou cinq piqûres avec une épingle, pour empêcher que le fruit ne parte au bain-marie.

Ainsi préparées, vous mettez vos Cerises à l'eau fraîche, puis vous les mettez en bouteilles, vous tassez légèrement, vous versez du sirop de sucre, vous bouchez et vous arrangez vos bouteilles dans une bassine remplie d'eau froide ; vous chauffez graduellement. Lorsque l'eau bout, vous laissez deux minutes ; vous retirez immédiatement le feu ou plutôt votre bassine. Pour éviter la casse occasionnée par l'action subite de l'air froid, vous laissez refroidir dans la bassine.

Coings.

Après avoir choisi des Coings qui ne soient pas trop mûrs, vous les essuyez avec un linge fin pour leur enlever le duvet cotonneux qui se trouve à leur surface, puis vous les coupez en quartiers ; vous mettez ces quartiers à l'eau froide, dans laquelle vous mettez un peu d'alun à dissoudre ; vous mettez ensuite en flacons, vous arrosez avec le sirop de sucre, vous bouchez et vous portez au bain-marie pour donner une demi-heure de bouillon.

Fraises.

Pour conserver la Fraise dans sa fraîcheur, on ne saurait trop prendre de soins pour sa préparation ; ainsi, la Fraise, comme tous les fruits, doit être cueillie le matin et travaillée immédiatement.

Vous faites choix de Fraises saines, rouges, sans être trop mûres ; vous les lavez dans un sirop de sucre étendu d'eau, vous mettez ensuite en flacons,

Nantes, imp. Bourgine Masseaux et Comp.

vous remplissez de sirop de sucre, vous bouchez et vous mettez vos flacons dans une bassine d'eau froide ; vous mettez cette bassine sur le feu, vous chauffez graduellement ; vous laissez une minute, lorsque l'eau bout ; alors vous retirez votre bassine et vous laissez refroidir les flacons dedans.

Framboises.

Prenez toujours du fruit cueilli le matin ; lavez-le dans un sirop de sucre très-léger, mettez en flacons, versez du sirop de sucre, bouchez et prenez les mêmes soins que pour les Fraises.

Groseilles rouges & blanches en grappes.

Vous vous procurez des Groseilles qui ne soient pas trop mûres ; vous faites choix des plus belles grappes ; vous mettez aussitôt en bouteilles, ayant soin que les vides se remplissent ; vous laissez cinq centimètres de vide calculés au-dessous du bouchon, vous versez du sirop de sucre ou de suc de groseilles, à votre choix ; vous bouchez et vous mettez dans une bassine d'eau froide ; vous prenez alors les mêmes soins que pour les Fraises.

Groseilles en grains.

La conservation des Groseilles en grains n'exige guère

www.ingramcontent.com/pod-product-compliance
Ingram Content Group UK Ltd.
Pitfield, Milton Keynes, MK11 3LW, UK
UKHW031705170726
13836UKWH00001B/32